JN436452

창조문학대표시인선 · 209

종려나무처럼

안 재 권 제3시집

창조문학사

□ 시인의 말

칠순을 맞아 8박 9일 이스라엘 성지순례는 내 생애에 가장 은혜로운 여행이었다. 일정에 쫒기어 주마간산 격이었지만 느낀바 너무 많아 메모하기에 힘썼다.

성지순례중 주님이 다니셨던 거룩한 발자취와 믿음의 선진들이 활동하였던 행적과 평소에 메모한 작품으로 제 3시집을 상재케되어 하나님께 영광을 올린다.

시는 서정시가 시문학의 꽃이라 하지만 「롱펠로」의 장편 서사시 "에반젤린" 은 저의 어린시절에 큰 감동을 받았다. 이러한 양 산맥이 있지만 그를 바라보며 시상과 감성을 연단하며 오르기를 희망한다.

우리 주위의 사물을 관찰하고 더나은 영감으로 삶의 질을 높이는 글로서 이웃을 섬기려는 마음이 되기를 바랄 뿐이다.

이 시집을 통하여 선후배 여러분과 사랑하는 아내와 내 보물네 자녀 에게 바친다.

시집을 내기까지 수고를 아끼지 않으신 창조문학사 홍문표님과 직원여러분에게 심심한 사의를 표한다.

2012년 10월
저 자 씀

안재권 제3시집

| 차 례 |

제1부 시나이 반도

제2부 베드로 동상

제3부 지리산 산장

제4부 물의 자유

제5부 바람없는 봄비

제 1 부

시내산 등정기

인도양 상에서

저 멀리 은빛 날개 밑
노을은 하얀 띄
남북으로 가로질러
묵화 한폭

고요히 그리고 은은히
들려오는 공기마찰음
이토록 늦은 시간
내 고희 발길처럼
황혼으로 접어든다.

카이로 06:05분전
인터넷 광고 자막
뱅길만의 청람빛
한발로 뛰어넘는 일정
가시떨기의 불꽃보러
열사를 향하는
마음의 불기둥

피라믿

열사의 모래바람
운무처럼 일고
수천년 고즈넉한
웅장한 피라미드

화강암을 다듬어
열왕의 무덤이라는데
빛바랜 돌층에는
백성들의 고혈이 흐르네

지면에서 아래로 비스듬히
몸 구부려 삼십미터 내려가
그만큼 다시 오르니 빈 공간 뿐
파라오를 위한 민생들이
자원했다는 기록 있다네

수많은 관광객 앞에
채색 낙타 곁에 배두인이 호객
스핑크스와 돌 갓 쓴 피라미드
선왕 지킴이
망자는 간 곳없고
빈 돌무덤이 세월을 낚네

모리아산 단상

하나님의 발등상
기뻐 받으시는 번제

가장 소중한 것
태워드리는 향기…

가정의 번제단
순종으로 드리는 예배
모리아산 기슭에서 어린양

아브라함의 믿음과
이삭의 순종

하나님의 화급한 부르심!

나와 아내 천성을 바라보며
성령님을 의지하리라

모세의 거듭남

역청과 진흙속 동족 노예
자기 핏줄임을 과시하다가
죄인되어 탈출하다

살소망 끊어진 척박한
시내산의 은신처에서
가시덤불 불꽃을 보았네
사르지 않는 광채, 불꽃

민족 구원의 용솟음치는 가슴
둔한 입술 구원자 보내주시고
혈기쇠한 80에 나서는자

가장 온유한 자라 칭찬 받으며
삼백만 동포 이끄셨네
홍해를 가르는 능력 받았네

예수 피난교회

본래 동굴이었던 곳
생명싸개로 인도하였네

나사렛에서 애굽까지
불모의 열사와 추위에도
성숙함 보이신 주님

주님을 기려 더 넓혀
꾸며진 기념 교회
목재 의자 위에는
천주교의 십자가 행상
작은 돔 위에 빛나네

대리석 12기둥
야곱자파의 상징
세 길 높이로 연장하여
목재 돔 만들고
내려오신 주님의 흔적

벽면에는 슬라이드 벽화
부활의 주님의 행적

르비딤

모세의 거룩한 팔
높이 들어 기도할 때
아말렉을 이기게하고
광명이 보이셨네

삼천 오백년 내려온
바위굴 속은 구도자의 묵상터
열흘에 한번 양식 받아
칠흑 속 하나님만 바라보내

집시 같은 베두인
씻지 않은 아이들
순례객을 기다리며
눈망울 굴리네

영의 양식 풍성했던 속
육의 양식 구하기 바빠
순례자의 손놀림 눈여기며
하루해는 서산을 넘네

뽕나무 밑

인산인해의 거리
귀로만 듣던 순간
뜨거운 마음 주체하지 못해
뽕나무에 올라가
구름 사이로 미소지었네

뽕나무는 가지가 뻗어
세 아람드리로 성장하고
찾는이 발걸음 쉼터가 되고
철책 울타리 넘어
삼거리 중심에 지붕되네

어린 나무적에는
주님의 말씀 듣게할 때
낙타같은 순종의 여운
가지마다 은혜가 넘실대고
이파리마다 생기가 돋았겠지

보시옵소서
고희들어 십만리 길 찾아
거룩한 잎으로 생육하고
더욱 열매를 많이 맺는
뽕나무처럼 섬기게 하소서!

여리고 성

안쪽으로 굽은
높고 견고한 성
탕자처럼 행했던 악 잊고
살고자 애타는 약한자여!

주님의 군대
묵묵히 열 세 바퀴돌아
항아리 깨뜨리고 함성 울릴 때
성벽, 밖으로 무너졌도다
안쪽 곡식 살리려고...

깨닫지 못하고
멸망으로 가는 자
지켜주었던 성벽
벌거벗은 채로
태초의 모습 되었구나

사해 바다

갈릴리에서 흐르는 물
받기만 하던 강
길이 76km 폭 22km인데
나뉘는 삶 없어
가장 긴 죽음의 바다

사람들은 이곳에서
육신의 겉만 손질하는
머드팩으로 전신단장
신나는 여인들의 포즈

세상 삶에도 은혜로우면
기쁨으로 두둥실 떠다니며
하늘나라 체험한다네

순복음 호스피스
험한곳 외로운 곳 찾아
갈릴리처럼 안아주고
나누어 주면 은혜인 것을

종려나무 처럼

의인은 종려나무다
척박한 땅
곧게 하늘 향한 지조

민족을 살리고
달고 오묘한 미각
이슬의 조화로다

뿌리는 깊고
신실한 믿음이
열사 위에서 늘 푸르다

인내와 기다림과 순종
산교육의 숲이어라
소나무, 떡갈나무와 아카시아,
태풍에 뿌리가 패이고 넘어지나
종려나무는 견디어
하나님의 선하심 닮은 나무로다
그의 열매로
민족을 살리셨도다

모압 평지

나오미는 두 며느리 데리고
계곡따라 베들레헴
다시 찾는 삶에는
절망에서 희망의 빛이어라

풀 한 포기 없는 유대광야
돌산지나 열사의 계곡
눈물 흘리며 걸었으리라
별을 보며 소망안고
모래 벌을 밟았으리라

생떼같은 두 아들
모래 벌에 묻어두고
뒤돌아보며
발걸음 재촉하였으리라

나오미의 눈물자국
청상과부 며느리
뒤돌아보며 따랐으리라
축복의 땅 바라며....

선한 사마리아인 사는 곳

베두인과 사마리아인
유대산지 광야에서도
남을 도우는 마음
이스라엘 그루터기요
올리브나무 였어라

갈데아 두빔에
정착하여 삼만명이
역사를 이어가는 구나

말과 형식의 겉치레
유대인의 천대에도
어려운 이웃 찾아 나선
참사랑의 실천자들
선한 사마리아인의 일상

맹세하는 곳

주님!
“죽도록 주님 사랑합니다”
변치 않겠다는 마음
“내가 그를 알지 못하나이다”

세 번 부인 했던 곳에
바로 닭이 세 번 울었나이다

가슴찢어 통곡하고
눈물이 앞을 가리고
벽을 기대며 걸었나이다

내 영혼 영생으로 인해
주님 사랑하나이다

모든 괴롬 잊었나이다
땅 끝까지 증인되겠나이다

흰놈 골짜기

역대 왕들이
왕권 연장과 안녕 위해
우상에게 기원하고
어린자식 산 채로
드렸던 저주의 골짜기

양 능선 밑을 창문에서
악행하는 연기가
가슴에 움츠러 든다

불순종의 죄
선민들에게 들린다
불의 왕권연장
축제의 풍악소리…

패역한 왕들의 악행
왕권의 종말이
연기처럼 사라지는 것을…

시내산 등정기

(1)
새벽 1시 차임벨 소리
칠흑 방가로 일어나
손전등 의지하여
석류숲 해치고 나선다

삼천오백년전 가시떨기나무
보호한 유서깊은 케더린수도원
무너짐없는 붉은 벽돌담지나
오르는 길목마다
쾌쾌한 낙타의 내음
배두인이 부른다
낙타타고 오르라고…

돌밭길 따라걸으며
궁창의 영롱한 별들의 속삭임
어둠속 몇구비 알 수 없는
정상을 향해 꿈을 옮긴다

(2)
자갈길 가파른 촉감
벼랑을 난간대 삼아
낙타길 피하여 휘돌아
오르고 또 오른다 감격속에...

어디쯤 오르고 있을까
숨쉬기 답답한 가슴
2700 고지의 낮은 기압에
말목도 천근이구나

미명의 정상부근
중간 캠프에 제비처럼 앉아
동료들과 감격의 회우
찬양과 경배와 경건의 예배
감동하여 눈물이 난다

(3)
마지막 돌계단 오를때
골고다의 언덕 연상되어
걸음마다 힘겨웠던 순간들
천국같은 정상에서
가슴에 벅차오른다

여명의 검푸른 하늘에는
찬란한 은가루 뿌린 듯 별들
머리위에 잡힐 듯 유영하고
다윗별이 나를 맞는다

뒤돌아 오르는 길 바라보니
돌산 천길 굽이
손전등 불빛 행렬들
반딧불이처럼 빛나고 있다
아스라이 민둥산 위
태양은 힘차게 솟아 오르는구나
구원의 구세주처럼

가나안에서

젖과 꿀이 후르는
거나안 산지에는
너무나 척박하다

왕포도, 키 큰 네피림
지경이었다는데
돌 밭 뿐이구나

그러나 나의 가나안은
하나님이 계시한 성령의 땅
젖과 꿀로 민족을 구원하는 곳

오직 구하는 문
하늘의 창 열며 얻은 곳
번성하는 지경

돌 항아리

질그릇 빈 돌항아리에
물도 귀한 곳에서
여섯 개가 가득 포도주가
잔치에 흥을 돋우었구나

주님의 첫 기적
행하시던 곳 가나
돌 항아리 곁 인파들
웃음꽃이 되었구나

절망에서 소망이
근심에서 기쁨이
말씀 한마디 순종이
축제가 되었구나

지층에 원석의 돌항아리
세상의 빛으로 성령이 가득
주님의 첫 번째 기적
빛을 발하고 있구나

갈릴리를 바라보며

고란고원과 디베랴가 안은
갈릴리 호수의 잔잔한 파도
붉은 노을 같은 물띠
황금덩이가 산넘어 오고
강건너 검붉은 고란 산등성이
가로등도 밤을 잊는다

이름 모를 새들도
감람나무 숲속에서 지저귀고
온세계에서 오는 순례객
황금어장이 되었습니다
사람을 낚으라 하신 음성
귓전을 때리고 있구나

주님!
이방인들의 순례객이
땀 흘리지 않은 기적의 소득으로
풍요로움 주셨습니다

가이사랴

주님께서 지나시던
숲이 우거진 곳
삭막하지 않고 온화하다

주님의 발자취에서
향기가 나고
낙엽수 잎이 춤을 춘다

이천년의 긴 세월 속
주님이 행보하셨던 자리
순례객들의 마음에
빈들의 기적을 꿈꾼다

오늘의 주님 지나신 곳
내 마음 밭을 지나신다

시나이 반도

리무진 고속버스 포장길
사방은 열사의 모래
동력 전신주 끝없이
모래위 달리고 있다

이천년 전 주님의 행적
만조 때 세어나온 해수로
잡초만 자라고
텅 빈 광야

나귀 하나로
리무진 하루 길을
토박토박 걸었으리라
쉴 곳 없는 열사 위를…

분명 주님을
낮에는 구름기둥으로
밤에는 불담으로
지켰으리라

아!
애굽으로 피난 길
고난의 첫 걸음
만백성을 구원의 빌미여라

제 2 부

베드로 동상

통곡의 벽

벽이 두터워 뚫으려는 것이아니요
마음을 찢어 주앞에 드림이요
영혼을 그리는 간곡한 절규입니다.
하나님! 우리를 구원하시고
영원한 나라에 들어가게 하시고
시민권도 주시오니 감사합니다.
벽틈에 소원의 쪽지
하나님께 영광 올립니다.
주 님! 구원의 방주인 통곡의 벽
맞잡고 부르짖는
기도를 응답하옵소서
주님을 사랑하고 이웃을 사랑하며
실천하게 하옵소서
성령님! 역사 하옵소서
순례객들의 마음속에
성령을 부어주시고
시너지 역할하게 하옵소서
전 인류에 타오르게 하옵소서

골고다의 길

예루살렘의 성루
다메섹문(소문)을 지난 돌벽
눈물길 곁 견치석 16단 위는
장정들의 활쏘는 구멍
참새가 지져긴다

사자문 들어서니
문폭 6미터 석벽
견고한 차돌박은 도로는
내가 죽어야 마땅한 길
주님이 대신 가신 길이시다

"어메이징그레이스" 를 찬양하며
골고다언덕 함께 걸었네
절규와 안타까움
진실로 "하나님의 아들이시다"
음성이 무지개로 피어나네

마리아의 샘

끊임없이 흐르는
사랑의 원동력

아픔을 안고
그를 품은 큰바다

영혼을 달래는
신비한 능력

뭇 사람을 살리는
영원한 양식
바라보는 물빛 속
인류 어머니가 미소짓네

베드로 동상

주님의 수제자
베드로의 우람한 용모
오른손에는 천국열쇠
왼손은 철창새우고
하늘나라를 바라본다

세 번 부인했던 비굴함
돌아서 통곡의 돌담에
피눈물 쏟아내고
다시 결단의 힘으로
법복입은 하나님의 사람되어
백이십문도 이끄셨네

아! 장엄하다!
힘줄이 하늘을 가르듯
어떤 죽음에도 천국이라고
물고기를 발 끝에 버리고
십자가만 쫓으라는 소명
통곡교회 동산중앙에
우뚝 선 베드로.

갈릴리 선상

갈릴리 호수를 가로질러
디베랴로 가는데
선상에는 태극기가 펄럭인다
불 밝힌 난간 의자에 앉아
햇볕 작열한 파도위에서
감사예배 드렸네

잔잔한 파도는
우리 마음을 경건케 하고
운무는 걷치고
은혜에 젖은 순풍
목메인 눈물의 기도
성령과 함께 하심으로
벅찬 감회가 밀려온다

아침과 낮의 물빛
늘 변하는 호수에
무거운 저울추로 마음 중심
흔들리지 않게 하소서
너는 물 속의 고기보다
이방인을 구원케 함이
사명이라 들린 듯 하네

태양이 비친 갈릴리

증발하는 물 안개가
갈릴리 호수 위에서
춤을 추며 오른다

물새들도 물을 떠나
짝을 지어 어디론가 사라진다
태양의 눈부신 반사 빛에
고란고원이 사라지누나

아침 햇살로 인해
옷이 촉촉이 젖어 오는 체감
열사의 나라 태양 아래서
순례객은 옷깃을 여민다

바닷가로 질러가는 배
물빛 허리띠가 새겨지고
잘린 강물의 낯빛
다시 만난 물빛
청람의 호수로 바뀐다

고란고원

갈릴리 호수는
돌항아리 닮았네
주님의 기적을 닮았네
잃어도 괜찮을 시나이반도
없어선 안될 생명줄 지킴이
고란고원이여!

동편호수를 둘러선 야산
출렁이는 디베라 바다위 그림자
목조배위에 온 천하의 관광객들을
이밤도 지키고 있구나!

육일전쟁의 쟁점이
저 고란고원 얻고자함일지니!
성전의 촛불처럼

다윗성

수금이 정문에 고즈넉하고
흔적만이 남았구나

성루는 허물어지고
개발되고 잠식되어
모퉁이 돌로 남았구나

다윗의 육각별이
밤 하늘 허물어진 성
사이로 비추는구나!

이스라엘에서 가장 융성하고
하나님의 마음에 합한왕
역대 전후 가장 융성했던
육각별 빛나는 하나님의 성

실로암 우물

기혼샘에서 터널로
물이 흘렀다네
맑은물이 스며나고
마른돌길 기적의 샘
저장된 물속에 들어가
씻은자 병이 나았도다

하나님의 영광의 성채
임하고 있었구나!
진흙으로 창조자의 재창조
눈먼자도 고침 받았도다

에바다……
메아리가 울리는구나!

다윗의 묘

육각의 별
하나님의 뜻 담긴
다윗같은 영도자
기리는 이스라엘 민족

수금과 비파는
검은 천위에 모셔지고....

악신은 떠나가라
성령이여! 운행하소서!
부귀,영화 누리고 이스라엘을 다스렸던 다윗
열조의 품에 잠들도다

세례 요한 탄생기념관

요한의 잉태는
하나님께서 섭리하셨습니다.

무서워 떠는 이세벨
"수태하리라" 음성
심연을 울림
벙어리 되게하시고
낳기까지 벙어리로
손짓 발짓으로 살았습니다.

사람이 난자중 가장큰
사람이 태어나리라
빈돌의 역청으로
가죽신으로 주님 오시는 길
예비하였으리라
그 흔적 보았네

나봇의 포도밭

개인의 소유는 나라도
어찌 못하는 유대법

이세벨의 악한 모사
포도밭은 탈취를 당하고
아합은 하나님의 징계받았다네

여자의 모사가 저지른
오뉴월의 서리발같은
악의 극치일리라

밭은 집터와 포도가 사라졌네
내속의 욕심밭에는
쑥이 나게 하옵소서

감림산에서

주님의 발자취
돌부리가 다닳토록
말씀 전하신곳

이땅 위에 마지막
발자취 바위에 남기시고
승천하셨네

바라보았던 자보다
더많은 순례객들
몸 구부려 경배하옵니다.

다시오마 옷자락 날리시며
하늘향하셨던 주님!
오시옵소서
어서 오시옵소서

주기도 하시는 교회

피방울 흘리시던
생명을 살리는 기도
영혼을 부르는 절규입니다.

결단의 마음을 세우고
아픔과 고통과 희락의 순간
인류 구원의 표상입니다.

신자들의 입에서
호흡과 함께 하는 기도문
주기도하시는 교회 앞에서
발걸음 소리를 죽이게하네

케더린 수도원

사르지 않는 가시떨기
불꽃 가운데 임제하신 지존자
모세의 텅빈 80세의 가슴에
불을 질렀던 떨기나무 불꽃

거룩한 땅 신을 벗고
청종했던 모세의 겸손
홍해를 가르시고 동족을 살리신
민족구원의 성령의 노구 모세

그 뜻 기려 1,400년전 세워
떨기나무를 살리고 지키시고
수없는 외침에도 벽돌하나 허물어지지 않고
시내산 중간에 세워진 케더린 수도원

벽장속에서 진기한 고문서
역사에 빛날 주님의 행적
성경의 사본들이 빛을 보았고
늘어진 기단위 떨기나무가지
순례객들의 황홀한 마음에
감히 만져 보지 못한 늘어진 가지들

한번 들어오는 수도사는
평생 이곳에서 하나님과 교제하고
죽음과 함께 세상으로 나오는데
수도원 들어가고자 줄을 선 수도사들

손자 첫 등교

강포에 싸였던
핏줄 손자
벌써 안식년

늦 추위
첫 등굣길
눈 발
축복의 깃발

아파트 숲속
아늑한 운동장
개구리들의 재잘거림
꿈이 잉태하고
소망 만개하는
울림들…

저들의 새싹들
갈고 닦아 몇 번의 변화
웅지를 펼찌니

홍도 맹돌

철썩이는 생음악
날마다 귓전을 때려도
누어 속삭인 맹돌
위용 떨치는 큰 바위
자랑 같은 파래
욕심찬 톳의 줄기
온 몸을 휘감았구나

숨가쁜 파도
울리고 때려도
연단의 등 어루만져
햇볕에 드러낸 몸
서로 껴안고 소곤대는
모가 없는 맹들의
사랑 이야기 나누는데
낙조가 옷 입혀주누나

장로수련회

구월의 들녘
연붉은 가을볕
운무가 앞길막아도
차 바람에 밀려
산위로 비켜서며
기도용사들의 행렬

노령에 접어든 장로들
무거운 몸 의자에 기대고
차창 밖을 내다 보며
뒤로 달리는 야산의 밤나무
벙그러진 알밤송이
내 가슴겉이 부끄럽다

콘도에 머무는 칠백여
장로들의 해맑은 마음
순종과 믿음의 수련으로
4차원의 영성을 새기며
잔바람에 흔들렸던 중심
다짐하는 믿음의 용사들

약수터 가는 길

마을버스 종점
곁, 둔덕 산길
넘어진 미루나무 토막
은사시나무 둥근 계단
하나하나 딛고 오르네

여름 내, 생을
불지르다 지쳐
마포옷 갈아 입고
잠든 낙엽들

달려갈 길 다 달려간
낙엽 위로하듯
서리꽃 왕관
면류관을 썼네

내 육신 이생의 자장 쫓다
지친 다리 힘 내려고
약수통 맨 배낭끈
조이며 내려 가네

갈릴리 성가대 제26주년에

머리를 들고
입을 열어
주를 찬양함이여!

육의 생각접고
영혼을 사모함이
파도처럼 밀려와
생명과 평안의 곡을
사 반세기 찬양함이여!

일천번째 보다 더
찬양의 제사장으로
공교히 주님앞에
산제사 들임이여

지휘자와 두 반주자
갈릴리 성가대원 모두
영성의 화음으로
천년을 하루같이
찬양하게 하소서

제 3 부

지리산 산장

이른 봄 벚나무를 보며

지난 훼리 바람에
떨리었노니
길고도 오묘한 뜻 몰랐어라

잎 떨어진 빈자리 생명돋으려
삼동에 문 잠그고 따스한 이른봄
마음눈으로 살피었겠지

촉수같은 새싹 위를 향하고
만개한 꽃의 축제
너를 위함 이거늘
벅찬 가슴으로 거룩한 사랑

봄을 궁전삼아
벌,나비 북적이며
꿈을 꾸고 있구나

가정교육

연희동 문영부장로님
중년 시절
눈에 넣어도 아프지 않을
늦게 얻은 두아들
신접 살림집
친구와 방문했지
다섯 살 세 살백이
넙죽 절한다

과자봉지 쥐어주니
봉지터 먼저 우리입에
넣어주는 고사리 손

저 어린나이에
제 입이 가까울텐데
제 맘대로 먹어도
용타하고 칭찬할텐데
사모님의 가정교육
그림으로 보인다

될성 부른 나무
떡잎에 남풍이 분다
지금
내 내실의 손자애들은……

호스피스

육신의 마지막 쉼터
말기 환우 은혜의 집
방마다 촛불이 탄다
심지마져 타고 있다

밤은 깊어 부엉이 울고
지나온 헛된 삶에
오지 않는 잠 뒤척이며
구원으로 영생 복락 바라본다

저 꺼져가는 촛불
덧 비추어 주려고
달려나온 꽃가마 호스피스

사랑하는 남편, 아이들
물리치고 더가까이
주님 닮고자 발을 싣기는 섬김

벚꽃 곁 나무에 달린 아그배
해결 못하는 배냇 배설물
기쁨으로 수발들고 반짝이는 눈망울
생의 호흡 확인하면서

천국 동행 할수 없어
먼저 보낼 형제,자매
이밤 평안을 주려고
촛불되어 밝힌다.

화 전 (2)

보라 빛 띄밭
암노루처럼 여문 팔
성스런 섬김의 손으로
한알 한알 발긴다

찹살과 멥살 생수로 불린후
연단의 방아에 가루로 만든다
알맞게 반죽하여
화합의 장력이 베일 때
동근 불판 위에 놓으니
넓은 아량 한아름

그 위에 봄향기 짙은
진달래 꽃잎
양지에서 고개드는 연한 쑥
삼동내 선혈의 인고
보혈같은 신선한 대추살
제단에 올리는 정성으로
완성 숫자 일곱가지 모아
기도의 젓가락으로 뒤집어
이웃 사랑 가득

동갑내기 (2)

홍수로 할킨
허물어진 뚝방
농부들의 상처로
허리에 남아있다

동갑나기 여자아이는
만조에 달빛 휘양하면
갯논 뚝방 풀섭에 앉아
부서지는 달조각 세었지

읍내 중학교 시험
원서만 제출하고
끝내 다시 밟지 못한
탱자나무 울타리 교문

비과상점 삼촌댁
나무의자에 앉아
동갑나기 두 친구와
비과 밀종이 벗기었지

벌써
오십 오년이 지난 즈음
갯뚝은 차도로 변하였는데
동갑나기 소식은
노을로 비추이누나

바랜 흑백 사진

솜털 귀밑 나부끼고
볼위 청순함
죽순보다 더 연하고
그늘밑 봉숭아 같아라

이순간을 메기 위해
이십여년 세월
눈빛으로 흘렸는가

해변 따라 산자락
황토 신장로 걸으며
구비마다 흑내음
민들레 꽃씨 날 듯
피어 나는 대화
머언 훗날
소망의 상아탑을 쌓았지

홍해 갈라지는 순간처럼
마그네슘 불빛이
영원한 자세가 되었네

그 형상 멀어만가도
천성 향한 발걸음
흰머리가 앞서네

큰 그릇 될지라
-송정훈 지휘자 보내며-

까까머리 학동시절
하나님의 말씀에
아름다운 곡을 붙여
교회 학교를 놀라게 했네

준수하고 고상하며
하나님의 영감으로 작곡도
밤을 세워 오선지를 메웠지

갈릴리 성가대를 위해
심혈을 기울어 두 번의 연주회
더나은 하나님께 산제사
십여년 사랑과 헌신으로
청년지휘자 송정훈

믿음으로 수고와 땀
하나님께 드리고
그는 큰물결

더익히고 배워서
앞길에 시온의대로
큰그릇 될지어다.

시행 착오

호수위 왕눈 잠자리
잔영을 바라보며
수초위 고추서서
연인을 부르네

면경같은 물 위
애인 만난 왕눈이
산고 나누면서
돔방돔방 알을 떨어뜨리네

도시옥상 주차장
파도로 착각한 바닥에
쌍으로 날아와 톡.톡
생명을 심고 지나가네

6.25때 푸른 재복
깜정 살결들이
대지위에 풀석 풀석 씨앗을 뿌렸다네

아!
이들에게는 푸른초장이
저들에게는 은혜의 단비가
풍성히 내려야 하리니……

회 상

소쿠리 씨줄같은
애환의 흑석동 길
뺑뚤린 파란 하늘
별 빛 먹고 살았지

둘째 여식 애미닮아
첫눈에 정이든 사내와
오라비 먼저 면사포 썼지

열아홉에 만난
열매들이 향기 맞지 못하고
짧은 세월 가슴에 묻고
말없이 떠나는 하늘나라
텅빈 마음에 깍정이만 나부끼네

왠 이슬비가
마르지 않은 눈언저리에
저녁 창문으로 다가오네

명수대 위에서
긴 물줄기 바라보던
짧은 사랑의 이십년

석모도 도선 상에서

강화도 앞 젖동생
섬하나 쉬고 있다
도도히 흐르는 조류에 손발씻고
밤마다 푸른별 기다리는 청순함
열 일곱 소녀 석모도

재 갈매기는 언제 안식을 취하는가
자기종량 물위 물채 도선
스크류 물살위 던진 과자주어 먹는
재 갈매기 경쟁을 본다

복음 만나 내릴 때
보지 못한자여 눈은 어디를 향하는가
석모도 짧은 도선은
인생 여정일세

석모도 (1)

석모도 매음리 산자락
달팽이 통나무집
산새 소리에 깨어나
태평양의 머리카락
발치에서 물길 제어본다

밀물, 썰물
할키고 어루만져
흑탕물 뒤집어 쓰고
내 안으로 기어 오른다

먼동의 불덩어리
새털 구름 물들이고
참솔가지사이 기어오르는 순간
사진작가의 찬라를 그리네

마음 낚시 던져
황해와 대화하는
평화로운 부부

석모도 (2)

뒷동산 가시덤불 사이
나뭇가지 꺾어놓고
키 넘은 잡목 사이
새 길 내며 오른다

할킨 팔뚝 훈장처럼 즐겁고
작은 봉우리 위 바라보며
어림잡아 오르네

음계처럼 세워진 바위
추억 속 벅찬 마음 풀길없어
찬송가 40장 불렀지

펼처진 운무속 가로지른 송전탑
순종의 시종처럼 서고
가슴 파고든 산바람 청량제일세

대관령 가는 길

육중한 몸체
고속도로 달린다

가을걷이 들녘지나
황토 깍인 도로 돌아

소음에 시달린
야트막한 야산

명주 이불 안개속
깊은 봄잠 들었네

태초의 말씀이
알알이 유영하고
마음마져 흰옷된다

고개 마루에서 뒤돌아보니
동양화의 선경이어라

모 교

잔디 토대 위
푸러터나스 사이
그즈넉이 서 있는
목제 삼산초등학교

교실안에 꽉찬 아이들
황토 운동장 노닐고
겨울 나뭇가지 참새 때
한겨울도 훈훈하였지

기왓장 볏겨지고
손때묻은 손잡이
잠겨진 녹슨 열쇠뭉치
거미줄에 먼지가
그네 뛰고있구나

노닐던 친구들
어디서 무엇하는지
날리는 푸라터나스 잎
알수없다고 하네

꽃과 잎

자규의 애끊은
울음의 열매
각혈같은 붉은 꽃
배상(配喪)의 아픔보다
승한G음

철쭉의 몸통
백년된 거북등
칼로 애는 듯 솟아난
연노랑 새순

입김에도 떨어질 듯
사랑이 피어나네
거북등에 잎과 꽃

우대증

머리카락에 서리내리고
쇄잔한 발목에
잔돌에 휘청인다

얼굴은 인생영지 돋고
육신을 걸머 지낸지
고희 고개가 아닌가

손 내밀면 알아차리고
둔한 촉감에 맹인처럼
저무는 노을 탓하랴

내일 박차고 일어설
어둠이 걸음되어
더 풍성이 더 성숙해진다
자유의 보증서 무임승차권

꽃 색시

가지끝 매운 바람
솜털 옷 벗기려고
흔들고 있구나

뿌리로 기별이가서
물 올라오는 드래박소리

매일 바뀌는 몸매
대롱대롱
꽃 색시

구천동

뿌리깊은 나무
가물어도 청청하노니
높은산 깊은 계곡
흐르는 투명한 물속
반질한 돌처럼
어둠에서 끓어내어
씻고 씻어 때묻지 않아
새로운 돌로 거듭나
산 역사 만드는구나

첩첩 늘어진 가지에
은혜와 축복의 빛
공해(公害)로운 것 녹여
이웃들의 생명을 살리고
위를 향해 손을 든다

나, 죄의 수령에서 건져내어
새 사람만드신 주님
그의 마음 닮아야
더욱 푸르는 것을…
물속 잔영의 영롱함이
화답하고 있다

지리산 산장

지리산 산줄기 마냥 나무들이
찬바람에 견디는 이른봄
산장 온돌 따슨 방에서
도청(道廳)의 임시직을 빌미로
수장에 오른분과 함께 했네

도백이 보낼자리 의논할째
소알같이 풍성하고 지경이 넓은골
지명하라 하였다네

오지 가장 작은 산골 구례
풍치를 즐겨함도 아니요
봄의 철쭉 분지의 세석평전
수려한 산수는 안중에도 없네

군민의 굽은 허리 펴드리고
산골치수, 가지마다 후드러진 산수유
굴뚝 연기보며 섬김의 낮은 마음
목민의 주인되어 헌신 봉사 하겠다네

영산의 고로쇠 생수 잔들어 세월 읽고
발긴 명태살 표주박 동동 뜨는데
비우고 또 비워도 끝없는 바다같은 인정
소피는 어찌 그리 잦았던지

지리산 밑 산장에서
고을의 어진 수장 뵙고
이런 분 또 있을까
이 시대의 귀감일세

낙 도

낙도로 떠나는 배
뭍을 잊었는가

멀어져가는 돛
믿음의 쟁기

풍요로운 순수가 암벽을
파도로 철석인다

눈을 들어 바라보니
자유의 검푸른 장

하늘의 무궁한 만나
그리움의 보고

가나안이 따로없다
이곳이 가나안이다
낙도……

제 4 부

물의 자유

고 댁

후폐한 육신 무너지면
손으로 짓지 아니한 집
하늘 나라에 있어

유년 시절
아버지께서 집짓는 것 보았지

대나무 숲 언덕
평탄하게 고르고
아람드리 주초석 세워

까치집 없나 가려
장송, 대목 소목이 다듬다

모래위 집 창수에 뿌리뽑혀
흔적도 없어지지만
반석위에 집 전능자의 말씀
무너지지 않네
영생에 비기면
찬라인 유한한 먼지
허무한 포구

큰 누나

바닷가 뒷산은
늘 파도가 발을 씻겼다

그 발 등상에
돌담,흙벽돌 쌓아
서까래언고
평생을 살았습니다.

대바구니의 게 담은것들
눈썹까만 애들이었는데
애미되어 찾아오네

기쁠때는 산자락에 씨뿌리고
가슴 저미는 날 지나는 객선위
꽹이 갈매기 날개 여울에
묶어 보내었노라

갯뻘 낙지처럼
촉수에 떨어지지 않는 우애,사랑
큰 누님의 긴 발치
징검다리 건너고 있네

큰 누님 영전에

어머님 첫 열매
많은 열매 남기시고
하늘나라 가셨습니다.

여덟 동생들 돌보았고
삼남삼녀 기업, 손자, 손녀들
세상에 떳떳히 키웠고……

이제 못잊어 눈으로 말하신지
달포째 되시더니 거멍머리 초롱눈
저 먼 하늘로 향하셨습니다.

감람나무 열매 잊으시렵니까
그동안 생육과 번성과
늘어진 가지 그곳 소망되어나고
후사들의 애곡앞에
편히 쉬는 모습

우애와 형제사랑
온화하고 마음 넉넉한 정
솜씨도 가슴에 생생합니다.
평안히 잠드소서

짱뚱이 잡이

싱싱한 갯지렁이
톡톡튀는 새우는 조사들의 기다림이다.

검은 갯벌위 허벅지 빠지고
이글대는 태양아래서
꼬리치며 지느러미로 부채질하는
더위 삭힌 짱뚱이들

거할 동굴 입구하나
열두 미로 깊은곳 새끼치고
불거진 눈망울 사방 경계하네

등 묶은 네가락 낙시 줄 매고
고추세워 노는 뒤 떨어뜨려
깜작, 찬라로 당기는 낚시
이생을 떠나는 몸 부림

별은 (4)

삼경에 반상회마치고
귀가하는 발걸음
칠흑,먹지장 육감으로 더듬어
고샷길 구비진 담장
고무신 촉감으로
토사막이 돌계단 넘어

잠시
눈을 들어 하늘 우러른다

바늘귀 만한 별들이
숨구멍으로 지구를 바라보며
밤길 방향 인도하는 빛

태초에도 있었겠지
이 밤의 길잡이 별

물의 자유

(1)
더위에 옷 벗은 몸
훨훨 나르네

추우면 손목잡고
눈물흘리네

그러다가 어느날
달보다 더큰

바다로 내려와
하나가 되네

(2)
"매미" 태풍을 타고
화 난 들소처럼
받고 짓이기고
인정사정 볼 것 없는
물의 방종함이여!

이것이 자유라면
차라리 얼음되어
북극의 바다위
회개의 마음으로
투명하리라

(3)
긴 호흡을 하려고 눈을 뜨오니
넝쿨 가시 옹달샘
밤섬에 앉아 고요한 아침 기다리네

깊은 산골 나뭇꾼
목마름 축이고
울다가 지친 장끼
까투리 보이지 않아도
몇모금 위로해 주는
섬김의 자유

(4)
미명에 소슬바람
창가에 머물고

토닥 토닥 가을비
나뭇잎 때린다

줄기세포 충격에
뇌졸중 앓다

한세상 이별하고
귀가길에 내려앉다

포개어 떨어지는
낙엽의 행렬

황금 무늬 이파리
물의 미이라.

사나 죽으나

사랑한다 손 만지며
수렁에 들어가도 감각이 없네
발과 무릎이 잠겨
늪속으로 들어가고 있어

배,가슴,목에 오른 욕심
사방은 어둡고 잡힌 것 없어
허우적 거리네

누가 이 저믄 해를 올릴자 있으랴
깊은 밤에 앞길 막고 쉬라 하네

눈을 들어 뭇별의 영롱함
지친 영,육의 위로
하늘나라의 번쩍거림

목에 찬 오물들 토하면
가벼워야하리
비워야하리
죽어야 살아나는 것
죽으나 사나 텅빈 마음 가득

가을 바람

익은곡식 황금물결
나뭇가지 붉은과일
황금들판 가지마다
동서남북 그네뛰네

여의나루 강바람에
옷여미고 종종걸음
추위피해 전화부스
바람막이 의지일세

성령바람 방언바람
금요철야 은혜바람
능력으로 임하시니
능치못할 일있으랴

바람바람 예수바람
따슨바람 거듭부네
방방곡곡 흠벅젖네
가을바람 알곡처럼

하늘에 무지개 피네
-염권사 취임날-

가을산 능선에도
뭇 천사가 내려왔네
하늘나라 축제 열린
의정부 순복음교회
꽃으로 만발하고
하객 인해 이루네

충성과 순종과 사랑을
신조로 권면의 말씀
마음판에 각인하네

염조장님 권사 취임 복된날
동료 권사들과 꽃속에 기쁨가득
남편 조집사 금식기도 응답으로
눈시울에 이슬이 맺네

마음속 어매징 그레이스
맑은 하늘에 무지개피네

둘째 누님 생각

읍내 가까운 정머리
윤씨가문 신랑 삼아
댕기풀어 시집갔지
눈먼 시어머님 모시고
하양 감농만 하셨지

세월이 가서
아들 둘, 딸 셋
무우처럼 자라주었지

황토밭 햇고구마
시장에 팔아 쇠고기 사들고
시어머니 생각에 가벼운 발걸음

친동생 중학 다닐 때
건너 방에서 겨울 한철
유학 시킨 자애로움
갚음 바라지 않는
후덕하신 둘째 누님.

모시옷 (2)

중우 적삼도
무더위에 부채일세

걸음걸이, 사타구니
겨드랑 바람이 지나가네

중절모 귀밑 왼손 죽선이라
대청마루에 걸쳐 앉으면
부채없어도 스스로 하늘거림
눈거풀이 내려앉네

텃 밭의 삼대 껍질
냇물 속에 울어 내고 바래
째고, 잇고, 감고, 날아
동지섣달 긴긴밤 베틀에 앉아
새벽닭 울음소리

낭군의 읍내 나들이
날개 달아 드리려니
잠이 어찌 오겠는가?

새싹을 보며

이파리 떨어진 화분속 철쭉
낙엽태우는 봄내음에
끝마디 돌기나고
칼도 힘든 줄기에서
샛 노랑 생명이 숨을 쉬네

얼음덩이는 바늘하나로
두동강 내지만 연한 새순
눈비비며 숨을 쉬네

봄에 떨어진 씨앗
한 생명의 팡파레
내 깊이 닫힌 마음에
봄향기 등불 비추어
이웃 사랑 작은 실천
주께 영광 돌리고져

후 회

과녁 벗어난 화살
흐르는 계곡의 물
자갈밭에 쏟아진 물

길들여지지 않는 혀
청신경 흔드는 파장
어찌 되돌릴수 있으랴

주 앞에 통회하면
천국이 가까우나니
오늘 나는
불의 혀
어떤 제갈로 인도했던가

오월의 선율
-수영 귀국 연주회-

5월의 노을속
토요일 오후 오색조명아래
그랜드 피아노의 일곱 음계

위로 오르는 탄젠트 곡선
정상을 향한 더 낮은 자리음표
열손가락 끝에 맴도는
신비한 천상의 향기

새봄 잔설녹인 물흐름
G음으로 해산한다
여름의 폭풍우
가을의 무르익은 과일
겨울의 눈꽃 안식하는 나무
오르내리는 음의 영역들
실에 꿰어 바치는 아름다움
종횡 무진하는 선율은
하늘을 향한 영혼에
회리바람으로 안기네

아담한 여인

콩밭에 수수대야
키크다 자랑말라

동트는해 먼저보고
낙조늦게 감상하며
백배열매 고객숙인
겸손함도 안다마는
비바람 몰아 치면
진리초석 그 자리에
속깍정이 비였으니
너의약함 어이하랴

넘어지는 그 자리는
곱게 결심한 콩깍지며
조밀한 밀실속 참께
진흙탕에 쏟아지네

아담한 여인네야
키작다 한탄말라
속들어 단아함과
누애처럼 명주쌈지 가득함
부군(夫君) 마음에 쏙들고
넘어지지 않는 반석위에
너의 일생 평안할 지니 .....

태 풍

태풍 “디엔” 가
엄청난 힘으로
바다를 휘저은다

아직 “매미” 의 상처에
신음하는 하늘의 백성
해마다 오는 손님
겸양으로 맞이한다
반면 태풍은 바다를 뒤집어
억만 물고기의 아가미에
하나님의 호흡 불어넣고
살아가는 동료

오묘한 힘에
작은 희생 따르는 것
봉사의 손길 유발케하는
하늘의 섭리이리라

아버지의 생각 (2)

목포 유학 시절
방학 때면 늘
포도주를 사들고 집에 간다

즐기시던 탁주는
어머님의 섬김이셨다

부엌에서 시냇물소리
참채에서 허이연 사랑이
옥동이에 가득하다

“네가 어찌알고 포도주 사오느냐?”
쑥스럽던 내모습

동네 어르신 들과
영광굴비 고추장에 묻혀
너털웃음 지으신다

아버지 생각 (3)

가파른 갈마봉 능선
땀 닦을사이 없이
젊음을 불태우며
오르시던 뒷 모습

곤한 초등학교길 이십리
깜빡거린 호롱불
마져 꺼진 삼경 쯤
아버지 무릅곁
세우잠 자는 아이
무릅위로 다리 얹게하고
꿈나라 가도록 밤새우신 아버지

칠흑
벽장 속 오른손에 소주 병
왼손은
왕컵 인지 한마디로 가름하며
한방울 흘리지 않은 지혜

계곡 물이 흐른다
멸치 대여섯
이밤 참 평안을 누리며……

고향들 (1)

남쪽의 햇살은
화살처럼 쏘는데
땅의 온기는
아직 봄이 이른가 봐

기슭엔 냉이, 쑥부쟁이
마른 검불속
천사의 자태여라

마을 뒤 산자락 벚꽃
겨우내 그리움 안은
열녀의 의상

봄이 오면
옷 갈아입고
객토논빼미
장정들의 쟁기질
감상하러 나뭇가지 사이
눈 비비고 있네

고향들 (2)

남쪽의 제비만 보아도
사투리 시장에서 들어도
가슴이 울렁거리던
그리운 고향

기쁠때나 슬플때나
가리지 않는 장거리
인사 여행 길

지난 여름
깨목쟁이 친구
빈자리 보았는데
처고모 94세 소천 조문
장엄한 삶이여!

저녁 하늘엔
청람색 비취가루
넓은 하늘에 뿌려졌네

손자들 줄줄이
눈물없는 오열속
하늘 문 열리네
부르시네
부르시네
하늘나라에서

제 5 부

바람 없는 봄비

이 여름 밤에

숨이 턱 머므르고
한밤중 침실에서
삼중창 열어놓고
방충망 사이로
보름달을 바라본다

어찌그리 면사포 쓴
앳띤 신부인고....

첫사랑의 연인이여
큰 누님의 눈빛이요
인자한 엄니 미소외다

나뭇닢 조용하고
새파란 하늘엔
열대야 자수속이네

달과 아내와 나
트리오의 화음으로
자장가 되어 평온하고
깊은 안식에 드네

단 풍

반백의 아내는
청청한 나뭇잎
새 옷 갈아입고
첫 눈 기다린다하네

긴 긴 뙤약볕
생육할 때 그늘 입혀주고
바람에 밑둥 흔들려도
가냘픈 이파리
햇볕 가리는 아래
사람들 고른 숨 쉬네

한백년 한자리
떠날줄 모르는 인내
뉘 사랑 주는자 없고
칭찬해 주는 이 없는
아쉬었던 나날들

진실된 사랑은 주는 자요
긍휼히 여기는 자이거늘
하나님의 사랑에 비추어보니
부끄러워 단풍되었네

동계 수련회
- 갈릴리성가대 -

앞산 계곡의 잔설
정화수로 흐르고
수양버들 가지는
봄빛 비추네

잔디 마당 앞자락
한탄강 용틀임
묵은때 구비씻어
맑은물 위 물보라
부서진 햇살
너! 눈부시도다
봄의 향취여!

풋풋한 찬양이
산울림 마음
청평의 동계수련회

피서 길 (1)

낮 안개 속
만취한 사람
흔들다리 걷듯
산굽이 돌고 돌아
미시령고개
동서의 기류가 바뀌누나

난간잡고 바라보니
속초앞의 검푸른 바다
끝없는 수평의 시
생명줄 놓아 살아간 어부들

땅보고 사는 사람
육의 사람
하늘보고 사는 사람
천국 백성 일세
저 바다의 노도 같이
속초가 믿음 끓게 하소서

피서 길 (2)

더위가 턱에 차고
남동풍에 업힌 비
익은열매 침수, 마음조려
삼림욕 늙은이
놀란 토끼 되어
의지할 곳 찾는다

동해의 짙 푸르름
차장으로 섭렵하면서
꼬부랑 44호 국도 달린다

신록의 산
비에 흠뻑 젖어
겹친 가랑비
실개천에 물안개
산과 들과 강뚝
한 폭의 동양화
그 속에 더위 시킨다

피서 길 (3)

××콘도 3212호실
창문넘어 까만하늘
초승달이 훔쳐본다

훈풍은 날개달아
풀닢사이 지나가고
그사이 먹바다 오징어잡이
해상의 집어등은 별야성

손자 애들의 퍼즐
큐브의 미로를
꺽고 돌리고
할매는 노독을 푼다

머리괘고 실눈으로 부두의
파랑을 제어본다

경포대 해수욕장

자정,바람 없는
경포대 해수욕장은
깊고 푸른 바다에 뛰우는
나의 영혼의 연서였다

오징어잡이 집어등도
풍어를 기원하고
쥐불놀이 축제 같구나

누어 겹겹 밀려오는
이 드러내고 미소 짓는
파도, 잔물결들...

누구를 위해 속옷 벗어
모래 벌에 던지고
벗은 몸 다시 멱을 감는가?

빛과 어두움
바람과 보슬비
교차하는 사거리 지나
경포대 해안 벽에
부서진 흰 포말은
사랑의 옷소매

코보 친구

-안종열 친구 -

50년 잠재한 이성깨고
눈발 내래는 화신빌딩
로비에서 회우하다

좀늦은 약속시간
독일제 코-트 신사
훤칠한 키 붕안의 위용
주먹만한 코 변함없는
이국정서 친구로다

과거로 돌리는 타임머신
남이 밟지 않은 일터
70고개 바라보며
가르치며 책을 내고 건재한 남아

먼저 묻은 원석 같은
씻고 깎아 내어서
보석 같은 인품과 눈빛
천년지기 벗 일세

단양가는 길

너! 백두대간아!
나라가 융성할 때
흑룡강물 목추기고
백두영산 영봉에서
포효 하였잖니!

오른팔로 동해안고
왼쪽거드랑이 황해끼고
태평양을 발로딛어
억조창생 지켰잖니!

용맹스럽던 대간아
서로 다른 이념으로
허리 동강 눈물 흘려
선혈이 보이는구나

청청한 푸른허리
장송으로 덮을 즈음
개발의 비명아래
깍이고 베었구나

다음세대의 밝은 눈
선조들의 나라사랑을
마음으로 가름할재
저울추가 두렵구나.

겨울 산 등반기

노랑옷 갈아입은
산 속 선비 청솔의 잎
뿌리곁 안식처에 누어
벗은 산등 차례로 덮고있네

마른 도토리 잎사귀
샘물의 집 환우 마냥
생을 그리워하듯
바람결에도 매달려 있네
그사이 앙증스런 철쭉
끝마다 전령자가 기별이 와서
꽃대가 지각변동하네

고희 바라보는 노구
미련이 있어 아쉬움에
가슴이 저미어 와도
자라는 새싹에게 인계하고
조상들이 주는 사랑
이어받아 꿈꾸듯
영생의 길로 가리라

성묘 가는길에

복음자리 떠나 살던 자녀들
우거에서 일박하고
저들의 새해소망
꿈꾸며 지낸 하루
예배와 진수성찬에 이어
새배와 덕담과 꿈의 향연
복된 설날 이였네

각자 본분으로 돌아가고
첩첩산을 뚫고
가장 긴 서해 고속도로
새길을 섭렵하며
큰애와 성묘가네
앞 갯벌은 논이되고
옛 논빼미 알 수 없지만
마음 신작로는 훤히 트였네

희수되신 셋째 누님
밭일에 구부정한 허리
음성과 윤곽은 누나인데
세월의 강 흐름에
검은띠 빰에 머물고
먼저가신 부군의 아쉬움
남매기르며 비는 마음

바람없는 봄비

희수 되신 셋째 누나댁
홀로 사신 연호리
밤새워 케어낸 옛이야기
스레트 지붕위에 떨어진
바람 없는 봄비도 장단 맞추고
하루를 평안히 쉬었네

안개 엉킨 보슬비는
마음을 위로하고
길섶, 잔디 이슬에
바지가랭이는 젖지만
삼부능선 함장묘
우산 받쳐들고 기도드렸네

앞유리 부러쉬로 문지른
창문에 비친 징검다리
어릴적 작은 도랑
개발로 흘러갔고
옛고향 작은내 줄폭은
가슴 언덕에 대추나무로 서네

이팝나무 꽃

늘 푸른 늦봄
이팝나무 연록잎에
서리가 웬일인가?

눈을들어 동산에는
늘어진 아카시아
초롱등 매달아 놓고
벌, 나비 축제여네

꿀 주는 사랑으로
발에 매어있는 꽃가루
사랑선물 열매되네

사랑은 주는 것
바람결의 미풍에도
속삭임이 진동하네

초여름 록색 향연속
고고한 눈꽃송이
이팝나무 꽃이여!

서부간선도로

하늘에서 폭발하여
내려친 H 빔
연약지반 박힌다

그반동의 눈금
지반과 대화한다

교량, 항만의 부두
도로의 종, 횡
지구축과 일치한다

기관차의 굉음보다
열배나 더울림
내 정수리에 박혀
배웠던 갑골문자
서럽게 떠나가네

내 음밀한 보고
암반에 닿아
영생의 생수 퍼올려
내 영혼에 부어
서부간선도로 세워졌으니.......

은영이를 그리며
-일주기에 -

깊은 산속 꽃 한송이
새해를 바라보는 삶
아기가 유모를 바라보듯
어머니 바라보는
은영이의 눈빛

성숙한 숙녀의 꽃다움
열매 맺지 못하고
화분속 백합화로
향기만 발하다가
천국행 열차 갈아탐이여!

하나님의 손길아래
주신 호흡 거두어 가시니
막지 못한 안타까움

국화꽃 송이, 송이
은영이와 팔짱끼고 가는구나
오늘 천국간지 365일째
너를 그리며 하나님께
경배와 찬양을 드리고 있다

부모님, 고모님, 고숙
두분 삼촌과 함께.....

깨달을까?

열심히 사는 인생
개미처럼
소똥구리처럼
뒤 돌아보지 않고
강팍한 땅위
지렁이처럼

고목에 앉아
굴을 파는 딱따구리
늦 여름 볏가리 농부

하나님!
저들의 삶에 목적이
이루어지게 하소서

나
고희 문턱
수없는 그림자 밟았지
남은 그림자
밟다가 깨달을까?
주님의 참뜻!

수영이 연주회를 보고

초원을 지나는 바람처럼
이파리들의 속삭임

펼쳐진 초록향연
평화롭게 노니는
양떼의 풀듣는 소리

산넘어 불어오는 바람결에
젖소의 새끼부른 소리

질투하는 남풍에
양의 볼털지나
하늘에 울리는 선율

끝없는 바이올린의 음역과
피아노의 비단결에 비친
알프스산의 풍자향의 향기

굴 비

겨우내 심층수 마시고
춘삼월 바람이 불면
연평도 수초인 보금자리
씨앗 뿌리러 가는데

어군 탐지기 없던 시절
바람에 의지하여
만삭의 개구리 소리 듣고
밤하늘 별자리 보며
키잡던 사공

어림잡아 내리는 그물
허술한 울타리에
지느라미, 발 걸려
세상으로 볼모 잡히네

만삭인 씨앗안고
장대에 묶인체로
관솔 같이 검붉고
기름기 젖은 살결

참회

묘 길은 덤풀 길
묘 봉은 웃자란 풀
별안은 소나무, 싸리
맹감나무 넝쿨 휘청하네

나의 불효함이
눈 앞에 전개되니
눈물이 앞서고
죄송함 뿐이다

준비한 작은 톱
두 아이가 번갈아
베고, 자르고, 치고
웃자란 풀 그냥 두누나

싱싱한 풀 벌초 적기인데…

아!
부모님의 향학열에 비해
나태를 낳았구나
차라리 무학이었으면
땅만 보고 살았으면
우물물만 먹고 살았으면

막내 동생을 믿었는데
먼저 하늘나라 가고
알지못한 자녀들
조부모 성묘 하였겠는가?

입술로 부모사랑
힘 다해 교육시킨
그 뜻 저버렸구나!
너 어디 믿음의 사람
인정하겠느냐
아! 슬프다 애통함이여
살아계신 부모라면
가시덤풀 이겠느냐?

일 중독자요
이생의 자랑뿐인
너 여!
시가 무엇이며
종교가 무엇인가
재물이 무엇인가
정과 성을 다하지 못한
약한 자로구나!

여우재를 넘으며

걸어온 삶이다
가파르고 꼬부랑
앞길이 안보인다

세월이 쉿녹물
푸른산에 덧뿌리고
남쪽으로 달아났다

노인 회원들
산정호수 닮고자
가을나들이 나섰다

이 고개는
아흔아홉 고개
살아온 고개와 비기고
다시 넘어 오면서
만산의 홍엽
젊은 내 마음

안재권 제3시집

종려나무처럼

2012년 11월 28일 인쇄
2012년 11월 30일 발행

지은이 안 재 권
펴낸이 신 용 호
펴낸곳 창조문학사

서울 서대문구 홍은동 397-26 동천아카데미 5층
등록번호 제1-263호
전화 02-374-9011 / FAX 02-374-5217

공급처: 한국출판협동조합 전화 02-716-5619~9

값 8,000원
ISBN 978-89-7734-332-0